Bibliografische Information der Deutschen Nationalbibliothek:

Die Deutsche Bibliothek verzeichnet diese Publikation in der Deutschen National-bibliografie; detaillierte bibliografische Daten sind im Internet über http://dnb.d-nb.de/ abrufbar.

Impressum:

Copyright © 2019 GRIN Verlag
Druck und Bindung: Books on Demand GmbH, Norderstedt Germany
ISBN: 9783668946439

Dieses Buch bei GRIN:

https://www.grin.com/document/461881

Ole Zimmermann

Atlantis. Theorien zu einer historischen und geografischen Verortung

GRIN Verlag

GRIN - Your knowledge has value

Der GRIN Verlag publiziert seit 1998 wissenschaftliche Arbeiten von Studenten, Hochschullehrern und anderen Akademikern als eBook und gedrucktes Buch. Die Verlagswebsite www.grin.com ist die ideale Plattform zur Veröffentlichung von Hausarbeiten, Abschlussarbeiten, wissenschaftlichen Aufsätzen, Dissertationen und Fachbüchern.

Besuchen Sie uns im Internet:

http://www.grin.com/

http://www.facebook.com/grincom

http://www.twitter.com/grin_com

Facharbeit im 2. Halbjahr des Schuljahres 2018/2019 an der
Freien Waldorfschule Oldenburg

<u>ATLANTIS</u>

Theorien zu einer Geographischen und

historischen Verortung

Verfasser: Ole Zimmermann

Abgabe: 21.02.2019

Inhalt

Vorwort

Ich interessiere mich bereits seit einer Weile für archäologische Themen. Atlantis ist eines der größten archäologischen Rätsel, die es gibt. Deshalb landete es sehr schnell auf meiner Liste mit möglichen Themen für die Facharbeit. Mich fasziniert daran, dass es möglicherweise eine Hochkultur gab, von der außer bei Platon keine bekannten Berichte mehr existieren. Dabei interessiert mich am Thema "Atlantis" weniger der mythologische, als vielmehr der historische und geographische Aspekt.

Wo vermutet man Atlantis? Hat man irgendwo Beweise für die Existenz von Atlantis gefunden? Kann Atlantis überhaupt existiert haben? All das sind Fragen, die mich im Vorfeld meiner Facharbeit beschäftigt haben.

Einleitung

Wenn man bei Google nach "Atlantis" sucht, kommen etwa 128.000.000 Suchergebnisse. Davon alleine 28.000.000 Videos. Es gibt tausende Bücher über das Thema[1], etliche Lieder und Shows und fast überall[2] taucht etwas wie "Ferienwohnung Atlantis" oder "Atlantis Therme" auf. Doch was steckt eigentlich hinter diesem mysteriösen Atlantis, das überall auftaucht? Diese Frage werde ich im Laufe der Arbeit zwar nicht insofern beantworten können, als dass ich den Standort nennen könnte, aber ich will doch versuchen die plausibelsten Theorien zu diesem darzulegen und ich werde auch überlegen, ob Atlantis nur ein reiner Mythos sein könnte.

Im ersten Kapitel geht es dabei um Platons Beschreibung von Atlantis. In dem darauffolgenden Kapitel wird es um die Suche nach Atlantis und die Frage, ob es Atlantis gab, gehen. Danach werde ich verschiedene Theorien zu dem Standort von Atlantis behandeln und dann die Arbeit mit dem praktischen Teil, dem Fazit und dem Schluss beenden.

---

[1] Bei einer google Suche dazu werden etwa 2.200.000 Ergebnisse angezeigt
[2] Man denke zum Beispiel auch an Große Filme wie "Justice League" oder "Aquaman" sowie in Serien wie "Stargate Atlantis"

Kapitel 1: Platons Werke über Atlantis

Um die Überlegungen der Atlantologen[3] zu verstehen, muss man zuerst einige Sachen über Platons originale Geschichte[4] wissen. Platon war ein griechischer Philosoph und der erste, der etwas zu Atlantis schrieb.

Zunächst einmal das Wichtigste: Was soll Atlantis gewesen sein? Laut Platon war Atlantis ein Kontinent, größer als Asien und Lybien zusammen. Damals verstand man darunter allerdings Nordafrika ohne Ägypten und die damals bekannten Teile Vorderasiens. Atlantis Hauptinsel soll "außerhalb der Säulen des Herakles" im Atlantik gelegen haben[5]. Inzwischen ist allgemein akzeptiert, dass mit den Säulen des Herakles Gibraltar gemeint ist. Platon schrieb die Geschichte in zwei Teilen auf: der erste Teil heißt Timaios und der zweite Kritias. Der Kritias blieb allerdings unvollendet. Man vermutet, dass es noch einen dritten Teil gegeben hätte, wenn Platon nicht verstorben wäre. Es waren vier Personen, die in den Büchern fiktiv diskutierten: Sokrates, Timaios, Kritias und Hermokrates. Dies waren allesamt reale Personen, die aber eine rein fiktive Unterhaltung führten. In der Geschichte geht es im wesentlichen darum, dass das Reich Atlantis sein Herrschaftsgebiet auf das komplette Mittelmeer ausdehnen wollte und dabei in den Konflikt mit dem Ur-Athen kam. Atlantis verlor den folgenden Krieg gegen Athen und in einer folgenden Sturmflut mit Tsunamis und Erdbeben, die ihnen die Götter als Bestrafung für ihren moralischen Verfall sandten, wurden Athen und Atlantis zerstört, wobei Atlantis in einer Nacht und einem Tag im Meer versank. Es hinterließ nur eine Schlammfläche, die den Ozean nicht mehr schiffbar machte.

Während im Timaios Atlantis nur grob beschrieben wird, werden im Kritias einige wichtige Details genannt. So heißt es zum Beispiel, dass in Atlantis Elefanten lebten. Dies macht einen Standpunkt wie Helgoland[6] sehr unglaubwürdig. Neben dem bisher genannten sollte man auch noch wissen, dass Platon dieses Wissen laut sich selbst von dem griechischen Staatsmann Solon (wahrscheinliche Lebensdaten: ca.640 v. Chr. - ca.560 v. Chr.) hatte, welcher bei seiner Ägypten Reise davon gehört haben soll[7].

Zudem muss man unbedingt die Zeitangaben zu dem Ganzen kennen: Platon lebte von 428/427 bis 348/347 v. Chr.. Er schreibt, die Geschichte habe vor 9000 Jahren stattgefunden. Doch man kann sich nicht wirklich auf dieses Datum verlassen, da es erwiesenermaßen[8]

---

[3] So nennt man Atlantisforscher
[4] Platon: Timaios, S. 11 ff in Oliver Khons und Ourania Sideri: Mythos Atlantis. Phillip Reclam jun., Stuttgart
[5] S. 12 Andreas Hartmann: Atlantis: Wissen , was stimmt. Verlag Herder GmbH, Freiburg im Breisgau
[6] Diese Theorie wird maßgeblich von dem Pastor Jürgen Spanuth (1907 - 1998) vertreten
[7] J.Rufus Fears in Edwin S. Ramage: Atlantis Mythos, Rätsel, Wirklichkeit?
    Umschau Verlag Breidenstein KG, Frankfurt a. Main, Seite 131
[8] "Mesolithikum",

damals in Griechenland noch keine Städte gab.

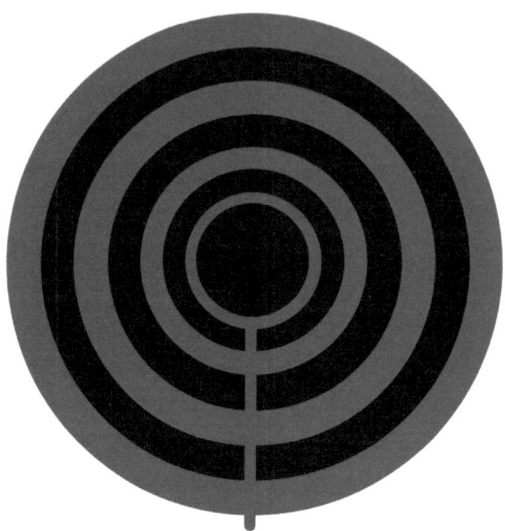

Abbildung 1: Bild der Hauptstadt von Atlantis nach Platons Beschreibung.

Kommen wir nun zu den Ausmaßen, die Atlantis gehabt haben soll: Darüber etwas zu sagen ist nicht einfach, da Platon seine Angaben in Stadien[9] machte. Aufgrund dessen sind die Angaben hier nur grob gerundet. Atlantis war laut Platon eine rechteckige Insel mit 555 x 370 km Seitenlänge und auf allen Seiten von Bergen umgeben.

Das Bild zeigt die Hauptstadt von Atlantis, nach Platons Beschreibung. Die blauen Bereiche sind Kanäle, von denen einer von der Stadt weg zum Meer führt. Die schwarzen Bereiche sind Erdwälle. Der schwarze Bereich in der Mitte ist die Hauptinsel. Auf dieser sollen zwei Quellen gewesen sein: eine warme und eine kalte[10]. Auf der Mittelinsel soll sich auch der Königspalast befunden haben[11]. Eine Insel mit derartigen Ausmaßen, wie Platon sie beschreibt, zu finden, ist sehr unwahrscheinlich. Dafür hat man zu gute Satellitenbilder des Meeres. Man hätte sie längst entdeckt. Man muss also davon ausgehen, dass Teile der Insel nach wie vor über Wasser sind oder die Angaben nicht stimmen.

Außerdem sollte man noch wissen, dass Atlantis eine Hochkultur gewesen sein soll, die ihrer Zeit weit voraus war und dass es in Atlantis ein Material

---

https://de.wikipedia.org/wiki/Urgeschichte_Griechenlands#Mesolithikum

[9]Antike Längenmaßeinheit: im griechischen System entsprach ein Stadion zwischen ca.170 und ca.192 Metern. Die überwiegend vertretene Meinung ist, dass ein Stadion 177 Metern entspricht.

[10]Platon: Kritias, S. 20 in Oliver Khons und Ourania Sideri: Mythos Atlantis. Phillip Reclam jun., Stuttgart

[11]Platon: Kritias, S. 22 in Oliver Khons und Ourania Sideri: Mythos Atlantis. Phillip Reclam jun., Stuttgart

namens "Oreichalkos" gegeben haben soll[12]. Dieses Material ist nicht sicher identifiziert. Es gibt Thesen, dass es sich dabei um Messing, Pyrit oder sogar Bernstein handelt.

Die atlantische Staatsordnung soll eine Monarchie gewesen sein. Der König war laut Platon ein Sohn von Poseidon.

Nach dieser kurzen Einführung geht es im nächsten Kapitel nun um die Suche nach Atlantis und die Frage, ob dieses überhaupt je existierte.

---

[12]Oreichalkos = "Bergharz" siehe: Platon: Kritias, S. 22 in Oliver Khons und Ourania Sideri: Mythos Atlantis. Phillip Reclam jun., Stuttgart, an der Stelle als Messing bezeichnet (Siehe Seite 21).

Kapitel 2:Die Suche nach Atlantis

Seit Platon suchen die Menschen nach Atlantis[13] und stellen sich die Frage, ob es je existierte. Dies war nämlich bereits eine Generation nach Platon umstritten. Sein Schüler Aristoteles war beispielsweise der Ansicht, dass es eine reine Erfindung Platons gewesen sei. Zudem gibt es in Platons Bericht auch einige Unstimmigkeiten: So steht im Timaios beispielsweise geschrieben, die Geschichte sei nur mündlich überliefert[14]. Im Kritias existieren jedoch plötzlich schriftliche Überlieferungen[15]. Und noch etwas fällt auf: Athen wird stark hervorgehoben, obwohl die Geschichte eine ägyptische Überlieferung sein soll. Falls die Geschichte stimmt, warum sollten Ägypter Athen so hervorheben? Dichteten die Ägypter etwas hinzu, um den Griechen zu schmeicheln? Diese Frage wird wohl nie beantwortet werden. Was, wenn es Atlantis nie gab? Wenn es ein reine Erfindung Platons ist, um seinen Schülern das Bild seines Idealstaates, der hier Athen ist, an einem Beispiel zu verdeutlichen?

Es ist durchaus möglich, dass es Atlantis nie gab, aber Platon schrieb in der Geschichte mehr als einmal, dass sie wahr sei[16]. Dies tat er sonst nicht, wenn es nicht stimmte. Doch eine Sache sollte man in Bezug darauf beachten: In Platons Schrift "Gesetze"[17] fragt ein Athenischer Fremder, bei dem zu vermuten ist, dass er ein Sprachrohr für Platons eigene Meinung ist, seine Gefährten, ob sie der Meinung seien, die ganzen alten Sagen enthielten einen wahren Kern. Er selbst geht offenbar auch davon aus[18]. Nimmt man also an, Platon glaubte den alten Sagen, dann kann es durchaus sein, dass er sich von alten Überlieferungen zu Atlantis inspirieren ließ, zumal der Athener in den "Gesetzen" explizit auch von Sagen zu Überschwemmungen und ähnlichen Katastrophen redet.
Eine traditionelle Athener Überlieferung der Atlantis Geschichte kann man ausschließen, da wenige Jahre nach Platon Thukydides[19], ein Athener Historiker, sein Werk "Archäologie" herausbrachte. Er hätte eine derartige Tradition sicher erwähnt.

---

[13] Selbst Heinrich Himmler schickte im 2. Weltkrieg eine Expedition ins Himalaya, da er dort Atlantis vermutete
[14] Platon: Timaios, S. 13 in Oliver Khons und Ourania Sideri: Mythos Atlantis. Phillip Reclam jun., Stuttgart
[15] Platon: Kritias, S. 19 in Oliver Khons und Ourania Sideri: Mythos Atlantis. Phillip Reclam jun., Stuttgart
[16] Platon: Timaios, S. 13 in Oliver Khons und Ourania Sideri: Mythos Atlantis. Phillip Reclam jun., Stuttgart "...was und wie Solon berichtet hat, und von wem er es als wahre Geschichte gehört hat."
[17] Orig. Titel: Nomoi
[18] S. 41 Nach Dr. Franz Susemihl bearbeitet, "Nomoi" (Die Gesetze), www.opera-platonis.de/Nomoi.pdf
[19] *vor 454 v. Chr. + um 398 v. Chr.

3: Unwahrscheinliche Atlantis Theorien

3.1: Die Azoren-Theorie

Die Idee, dass die Azoren die Überreste von Atlantis seien, ist noch nicht so alt und auch heute noch recht verbreitet. Nach dieser Theorie versank Atlantis dort, wo heute die Azoren sind und diese sind wahlweise Berge, die noch aus dem Meer herausragen, oder stehengebliebene Überreste.

Das Problem an dieser Theorie ist, dass die Azoren vulkanisch entstanden sind. Das bedeutet, sie können nie eine große Landmasse gewesen sein, da dafür zu wenig Magma an der Stelle aufsteigt und aufgestiegen ist.

3.2: Die Perser-Theorie

Diese Theorie[20] war eine Zeit lang recht populär. Sie besagt, dass das antike Persien mit Atlantis gleichzusetzen und der Krieg zwischen Athen und Persien der zwischen Ur-Athen und Atlantis sei. Diese Theorie lässt sich allerdings sofort entkräften, wenn man sich die Jahreszahlen der Perserkriege anguckt. Denn wie hätte Solon von einem Ereignis berichten können, das ca. 50 Jahre nach seinem Tod stattfand?

3.3: Die Amerika-Theorie

Die Theorie, dass Amerika Atlantis ist, existiert bereits sehr lange, wird inzwischen jedoch nicht mehr so stark vertreten[21]. Es spricht im Grunde nur die Lage dafür. Amerika hat weder die richtige Größe, noch gibt es dort Elefanten oder einen Ort, der von der Form her die Hauptstadt sein könnte. Auch stellt sich die Frage, wie die Menschen mit den damaligen Schiffen quer über den Atlantik gefahren sein sollen.

3.4: Die Helgoland-Theorie

Die Theorie, dass Helgoland Atlantis[22] sei, ist eine der unglaubwürdigsten Theorien, die ich gehört habe. Laut Platon gab es auf Atlantis Elefanten und mindestens eine heiße Quelle. Erstere können wir auf Helgoland direkt ausschließen. Für eine heiße Quelle müsste es vulkanische Aktivitäten geben. Diese sind und waren auf Helgoland jedoch nicht vorhanden. Auch stellt sich einem die Frage, wie Helgoland den Mittelmeerraum unter seiner Kontrolle haben sollte.

---

[20]Bernhard Beier, "Atlantis und die Perserkriege",
   http://atlantisforschung.de/index.php?title=Atlantis_und_die_Perserkriege
[21]S. 85 ff Andreas Hartmann: Atlantis: Wissen , was stimmt. Verlag Herder GmbH, Freiburg im Breisgau
[22]Diese wird (wie bereits am Anfang der Arbeit gesagt) hauptsächlich von dem Pastor Jürgen Spanuth *1907 +1998
   vertreten

4: Wahrscheinlichere Theorien zu Atlantis

4.1: Ist das Minoische Reich das atlantische Reich?

Die These, dass das minoische Reich das atlantische Reich ist, ist vor nicht all zu langer Zeit aufgetaucht und wird seither von einigen Wissenschaftlern und vielen anderen Leuten vertreten[23]. Nach dieser Theorie ist das geheimnisvolle Reich der Minoer, welche um 2000 v. Chr. auf Kreta den Sprung zur Hochkultur schafften, mit dem der Atlanter gleichzusetzen. Da wir über die Minoer fast nichts wissen, weil ihre Schrift noch nicht entziffert wurde und die sonstigen Hinterlassenschaften ärmlich sind, eignet sich dieses Volk relativ gut für alle möglichen Theorien.

Die erste Frage, die sich bei dieser Theorie stellt, ist, wie Platon von den Minoern erfahren haben soll. Es ist, so diese Theorie stimmt, am wahrscheinlichsten, dass Platons Aussage, er habe die Geschichte von Solon gehört, ebenfalls stimmt. Dieser könnte sie, wie er selbst schreibt, von Ägyptischen Priestern gehört haben. Das Problem an der Sache ist, dass in Ägypten keine Aufzeichnungen (mehr) existieren. Es könnte sein, dass die Aufzeichnungen vernichtet wurden, zum Beispiel bei der Zerstörung der großen Bibliothek in Alexandria. Allerdings scheint es unwahrscheinlich, dass alle Aufzeichnungen verschwunden sind, da die Atlanter laut Platon ja ein bedeutendes Volk war. Eben diese Tatsache entkräftet die Theorie ebenfalls, da man von einer so mächtigen Kultur überall Gegenstände finden müsste. Von den Minoern findet man allerdings kaum etwas und das, was man findet, bezeugt keineswegs ein ausgedehntes Reich, sondern wurde wahrscheinlich durch Handel und ähnliches dorthin gebracht. Selbst der Fund von Gegenständen würde nichts beweisen: Bei den Etruskern fand man zum Beispiel sehr viel griechische Kunst, Waren und ähnliches, allerdings herrschten die Griechen dort nicht, sondern handelten lediglich mit ihnen. Man weiß aber auch, dass Karthago eine mächtige Thalassokratie24 war und ebenfalls kaum Spuren hinterließ. Also könnten die Minoer durchaus ein mächtiges Reich gewesen sein und einfach, wie Karthago, kaum Spuren hinterlassen haben. Auf eine mächtige Flotte deutet auch hin, dass minoische Städte wenig befestigt waren. Heißt das, dass sie eine Thalassokratie wie Atlantis waren und sich auf ihre Schiffe als Verteidigung verlassen konnten? Ein Hinweis darauf, dass das minoische Reich eventuell Atlantis ist, sind die Stiere. Auf minoischen Wandbildern sind häufig Stiere dagestellt und Platon schreibt im *Kritias,* dass es in Atlantis Stierkämpfe gab.

---

[23]Film von Jens-Peter Behrend, "Expedition nach Atlantis", https://www.zdf.de/dokumentation/terra-x/expedition-nach-atlantis-eine-insel-geht-unter-100.html
[24]Thalassokratie = Eine Seemacht

Bleibt die Frage: Wie ging das Minoische Reich unter? Passt es zu Platons Beschreibung des Untergangs von Atlantis?

Laut Platon gab es beim Untergang von Atlantis folgende Ereignisse: Erdbeben und Tsunamis.[25] Man vermutet, der Ausbruch des Vulkans auf der Insel Santorin, welcher etwa zeitgleich mit dem Verschwinden der Minoischen Kultur stattfand, könnte ein Grund für letzteres sein. Diese Theorie wird durch einen Fund gestützt, den Spyridon Marinatos[26] im Jahre 1939 machte. In den Ruinen des minoischen Palastes von Amnisos, einer Hafenstadt auf Kreta, fand er auf dem Wasser schwimmenden Bimsstein. Daraus schloss er, dass die Zerstörungen auf Kreta auf ein Zusammenspiel von Tsunamis zurückgeführt werden könne, welche von dem Vulkanausbruch auf Santorin ausgelöst wurden.[27] Geologen nehmen an, dass bei dem Ausbruch tatsächlich einer oder mehrere Tsunamis ausgelöst wurden, allerdings lässt sich dies nicht mit Sicherheit sagen. Zudem ist es unmöglich derartige Tsunamis im Nachhinein noch zu berechnen. Jede Untiefe und kleine Insel beeinflusst die Welle. Ein sehr gutes Beispiel geschah im März 1957: Damals traf ein Tsunami, der auf den Aleuten durch ein Erdbeben ausgelöst wurde, Hawaii. Im Hafen von Hilo erreichte die Welle Höhen von über zehn Metern, während sie in anderen Teilen der Insel etwas über einen halben Meter hoch war. Dementsprechend erscheint aber auch die These fragwürdig, Kreta wäre durch den/die Tsunami(s) so stark beschädigt worden, dass die Minoer nicht mehr in der Lage waren, durch Seehandel zu überleben, da niemals alle Häfen und Schiffe zerstört worden wären. Aber was ist mit den Erdbeben von denen Platon sprach?

Die Erdbeben bei der Eruption des Vulkans wären keinesfalls stark genug gewesen um Kreta zu erreichen, da es sich um ein vulkanisches Beben handelte. Diese Beben haben nur eine geringe Reichweite und sind nicht sonderlich stark. Bleibt also ein tektonisches Beben, also eines bei dem zwei Kontinentalplatten aufeinander treffen, oder welches so ausgelöst wurde. Diese Beben haben eine große Reichweite und weitaus mehr Zerstörungskraft als die vulkanischen. Es gibt keinen Grund, warum ein solches Beben nicht etwa zeitgleich mit dem Vulkanausbruch aus Santorin stattgefunden haben sollte. Dabei stellt sich aber die Frage, wieso Knossos als einziger bekannter Ort verschont geblieben ist. Tektonische Beben treten nicht derart punktuell auf. Also sind die Erdbeben eher unwahrscheinlich als Grund des Untergangs. Was kann es dann gewesen sein?

Wie wir alle wissen, entstehen bei Vulkanausbrüchen Aschewolken und häufig ein

---

[25]Platon: Timaios, S. 17 in Oliver Khons und Ourania Sideri: Mythos Atlantis. Phillip Reclam jun., Stuttgart
[26]Ein griechischer klassischer Archäologe
[27] S. 182 Edwin S. Ramage (Herausgeber): Atlantis Mythos, Rätsel, Wirklichkeit?
    Umschau Verlag Breidenstein KG, Frankfurt a. Main, 1979

Ascheregen, welcher in diesem Fall soweit wir wissen (Diese Erkenntnis stammt aus Tiefseebohrkernen) auf Kreta eine durchschnittliche Dicke von etwa 10 Zentimetern hatte.[28] Könnte die Insel ein ähnliches Schicksal wie Pompeji ereilt haben?

Als erstes muss man zu dem Thema sagen, dass die Schäden, die die Asche an Häusern verursacht hat, nicht irreparabel gewesen sein können und niemals der Auslöser gewesen sind für den Untergang der Minoer. Dramatischer waren die Folgen für die Vegetation. Man konnte aus den Tiefseebohrkernen den Vulkanausbruch in den Sommer Einordnen. Da in dieser Zeit Früchte und Gemüse noch wachsen, waren sie unwiederbringlich verloren. Höchstwahrscheinlich hätte es allerdings eine dickere Ascheschicht gebraucht um die minoische Landwirtschaft auch langfristig zu schädigen.

Wie jedoch bereits ausgeführt, kann man aber nicht sicher sagen, der Ausbruch auf Santorin habe zum Untergang des minoischen Reiches geführt. Die Radiokarbonmethode hat lediglich einen Genauigkeitsfaktor von 44 Jahren, was in diesem Fall zu ungenau ist. Anhand der Keramik die man fand, kann man jedoch relativ (aber nicht absolut) sicher sein, dass der Zusammenbruch des Reiches um 1450 v. Chr. stattfand. Man fand an den durch den Ausbruch zerstörten Stätten aber keine Keramik, die deutlich jünger als 1500 v. Chr. ist. Damit bleibt eine nicht zu schließende Lücke von 50 Jahren. Somit hat der Ausbruch wohl doch höchstens zum Teil zum Untergang des Minoischen Reiches geführt. Zusätzlich findet man auf Kreta auch zu oft Brände als Ursache der Vernichtung von minoischen Häusern. Erdbeben können selbstverständlich Feuer auslösen, wenn Öllampen umfallen oder ähnliches. Das gilt auch für vom Himmel fallenden Bimsstein bei einem Vulkanausbruch. Jedoch nicht in der Häufigkeit, wie es auf Kreta der Fall ist. Dies deutet auf Vorsätzliche Brandstiftung hin.

Heißt das, Platons Atlantis ist, so es denn existierte, nicht auf Kreta zu finden?

Für die Frage muss man sich angucken wie abrupt die Minoer für die   Ägypter den Handel abbrechen. Dies könnte für Ägypten tatsächlich wie eine plötzlich verschwundene Insel ausgesehen haben. Dementsprechend könnte Platon die ägyptische Geschichte, die dadurch entstanden sein könnte, wirklich als Vorbild genommen haben. Auch die Stierkämpfe könnte er von minoischen Gemälden haben, ohne zu wissen vom wem sie stammten oder aus welcher Zeit. Die Idee für den Untergang von Atlantis ist nicht so außergewöhnlich, da man eine Insel, die man erfunden hat, am einfachsten im Meer versenken kann. Aber es gibt noch etwas, dass wir nicht vergessen sollten: Platon sprach von moralischem Verfall[29]. Man hat Beweise gefunden dass die Minoer Menschen opferten.

[28]"Der Vulkanausbruch von Thera", https://hjthaler.wordpress.com/1766-2/
[29]Platon: Kritias, S. 27/28 in Oliver Khons und Ourania Sideri: Mythos Atlantis. Phillip Reclam jun., Stuttgart

Ein solches Ritual	wäre mit Sicherheit von Platon als moralisch verwerflich erachtet worden. Wenn wir Platon aber bedingungslos Glauben schenken, scheidet das antike Kreta als Atlantis aus. Allerdings gab es tatsächlich eine Insel, die das von Platon beschriebene Schicksal ereilte: Santorin selbst. Zur Zeit des Vulkanausbruchs sah Santorin so aus:

Abbildung 2: Rekonstruktion des antiken Santorin aus der Dokumentation "Terra X Expedition nach Atlantis"

Man sieht in der Mitte eine große Insel mit einem Vulkan. Diese Insel ging bei dem Vulkanausbruch unter, indem der durch das herausgeschleuderte Magma entstandene Hohlraum einstürzte. Dadurch wurde gleichzeitig auch noch ein Tsunami ausgelöst, der Schäden im ganzen östlichen Mittelmeer hinterließ. Was ist, wenn auf dieser Insel die eigentliche Hauptstadt des Minoischen Reiches war? Oder zumindest eine wichtige Stadt? Der Platz ist sehr geeignet: Es gab warmes Wasser durch den Vulkan und war durch die Insel außen herum recht geschützt vor Sturmfluten und Angriffen. In diesem Fall könnte das die Basis der Atlantisgeschichte sein. Der Ausbruch des Vulkans hatte wohl katastrophale Folgen für ganz Europa. Nach neuesten Erkenntnissen hat sich der Himmel über Europa damals über Jahre verdunkelt. Man vermutet sogar, dass die Himmelsscheibe von Nebra aus diesem Grund vergraben wurde. Was man bisher an ihr ablesen konnte ging nicht mehr, daher war sie nutzlos geworden. Vor diesem Hintergrund scheint besonders die „Strafe der Götter"[30] umso verständlicher. Gegen Santorin als Atlantis sprechen aber zwei wichtige Fakten: Santorin liegt nicht an dem von Platon angegebenen Ort und es passt zeitlich nicht. Zeitlich muss man sich aber die Frage stellen, ob man zu der damaligen Zeit derartige Abstände tatsächlich festgehalten hat, da die Schrift damals noch nicht sehr verbreitet war.

---

[30]Siehe S. 5

4.2: Ist die tartessische Kultur die Atlantische Kultur?

Der Archäologe Richard Freud vermutet Atlantis ganz woanders.[31] Nach seiner Theorie ist das versunkene Inselreich im Süden Spaniens zu finden. Genauer gesagt im Nationalpark Coto de Doñana.

[Abbildung aus urheberrechtlichen Gründen von der Redaktion entfernt.]

Abbildung 3: Hier ein Screenshot von Google Maps. Der rote Marker zeigt den Standort des Nationalparks.

Dieser Standort würde auch mit der Ortsangabe Platons "hinter den Säulen des Herakles", also außerhalb der Straße von Gibraltar übereinstimmen. Außerdem weiß man, dass die Küste in der Region in antiker Zeit immer wieder von Tsunamis getroffen wurde. In dem Nationalpark fand ein Team um Richard Freud innerhalb ringförmiger Muster im Boden zwei kleine Figuren, die mindestens 2000 Jahre alt sind. Zudem hat das Team festgestellt, dass an dem Ort des heutigen Parks in der Antike eine Bucht lag, die weit in das Land hineinreichte. Auch sind die Muster im Boden mit nahezu hundertprozentiger Wahrscheinlichkeit Mauerwälle. All diese Umstände deuten klar auf den Nationalpark als Standort von Platons Atlantis hin. Um diese Theorie zu beweisen, müsste man allerdings Ausgrabungen durchführen, welche wegen des sehr hohen Grundwassers erschwert werden und damit zu teuer sind.

---

[31] "Atlantis - Mythos und Wahrheit",
    https://www.zdf.de/dokumentation/zdfinfo-doku/atlantis-110.html

Abbildung 4: Ein Modell von Cancho Roano

32

Doch 200 Kilometer weiter im Landesinneren könnte die Bestätigung für die Theorie liegen. Dort wurde im 20. Jhd. Cancho Roano, eine Siedlung der Tartesser ausgegraben.

Richard Freud glaubt, dass die Tartesser mit den Atlantern gleichzusetzen sind.[33] Seine Theorie besagt, dass die Tartesser/Atlanter aus ihrer Stadt im heutigen Nationalpark durch eine riesige Katastrophe vertrieben wurden und daraufhin weiter im Landesinneren siedelten. In der Siedlung finden sich allerdings fast keine Wohnhäuser, dafür aber Tempel. Freuds Theorie lautet, dass das Volk Cancho Roano als Miniaturausgabe der Hauptstadt von Atlantis, ihrer Hauptstadt, bauten um an ihre alte Heimat zu erinnern. Um die Anlage gibt es einen Wassergraben ohne einen praktischen Nutzen. Dieser könnte die ringförmigen Kanäle, die Platon beschreibt und die man unter der Erde des Nationalparks Coto de Doñana erkennt, andeuten. Und Cancho Roano ist nicht das einzige Exemplar seiner Art. In der Gegend finden sich weitere Kultstätten ähnlicher Art. Es gibt noch einen Hinweis, dass Cancho Roano mit Atlantis zu tun hat: In einem der Tempel findet sich eine Ägyptische Hieroglyphe. Laut Platon hat Solon die Geschichte um Atlantis in Ägypten gehört, welches direkt in Verbindung zu den Atlantern gestanden haben soll. Diese Hieroglyphe zeigt

---

[32]Quelle des Bildes: https://flic.kr/p/6wiiey
[33]"Atlantis - Mythos und Wahrheit",
   https://www.zdf.de/dokumentation/zdfinfo-doku/atlantis-110.html

deutlich, dass die Ägypter Kontakt zu den Tartessern hatten. Sie stellt eine Verbindung zu den von den Ägyptern verehrten Metallschmieden her, was auf selbige in der tartessischen Kultur hinweist. Es heißt Atlantis sei eine Stadt gewesen, in der Metall äußerst kunstvoll gefertigt wurde. Als letztes Indiz gibt es einen Stein, in den das Wappen von Atlantis eingemeißelt ist und der den Eingang zu der Anlage "bewachte".

Zwei Tatsachen sprechen jedoch gegen diese Theorie: Zum ersten stimmen die Zeitangaben nicht überein. laut Platon war Atlantis deutlich älter als die Tartesser. Ich persönlich bezweifle allerdings, wie bereits im letzten Kapitel erwähnt, dass sich zu einer Zeit in der man fast keine Schrift hatte, ein paar hundert Jahre von 9000 unterscheiden lassen, wenn man bedenkt wie viele Generationen es bei der damaligen Lebenserwartung waren.

Das zweite Gegenargument ist, dass die mutmaßlich gefundene Insel kleiner ist, als Platon sie beschreibt. Doch auch das ist etwas, was sich über die Generationen hinweg in Überlieferungen verändert haben kann. Wir müssen also zumindest im Augenblick davon ausgehen, dass niemand diese Theorie bestätigen oder widerlegen kann, da man zu diesem Zweck zweifelsohne Ausgrabungen in dem Sumpfgebiet und anderswo machen müsste, die weit über das Budget der Wissenschaftler hinausgehen.

Fazit

Zusammenfassend lässt sich schließlich sagen, dass es zu Atlantis sehr viele Theorien und auch sehr viel Forscher bzw. Hobby-Forscher gibt. Manche Forscher vertreten die gleichen Theorien, weichen in Details aber oft voneinander ab. Viele Theorien sind bei genauerem Hinsehen unglaubwürdig, zum Teil sogar so, dass man den Gedankengang desjenigen, der sie aufstellte nicht nachvollziehen kann. Einige andere Theorien über den Standort von Atlantis erscheinen dagegen sehr plausibel und schlüssig.

Das Thema Atlantis wird seine Faszination wohl noch länger behalten, auch da es oft am Geld für die Ausgrabungen fehlt, mit denen der Wahrheitsgehalt einer Theorie überprüft werden könnte. Es ist fraglich, ob jemals jemand in der Lage sein wird zu beweisen, dass es Atlantis gab oder dass es Fiktion war. Sollte es aber gelingen, so wäre eines der größten archäologischen Rätsel jemals gelöst.

Literaturverzeichnis:

Bücher:

Hartmann, Andreas: Atlantis - Wissen, was stimmt

Herder GmbH, Freiburg im Breisgau, 2010

Khons, Oliver und Sideri, Ourania (Herausgeber): Mythos Atlantis

Phillip Reclam jun., Stuttgart 2009

Ramage, Edwin S.: (Herausgeber): Atlantis Mythos, Rätsel, Wirklichkeit?

Umschau Verlag Breidenstein KG, Frankfurt a. Main 1979

Aus dem Amerikanischen von Hansheinz Werner

Orig. Ausgabe: Indiana University Press, Bloomington, USA, 1978

Dokumente:

Nach Dr. Franz Susemihl bearbeitet, "Nomoi" (Die Gesetze),

www.opera-platonis.de/Nomoi.pdf

Websites:

"Atlantis", https://de.wikipedia.org/wiki/Atlantis ,

Zuletzt besucht am: 20.11.2018

"Atlantis", https://anthrowiki.at/Atlantis ,

13.01.2019

"Atlantis", http://de.verschwoerungstheorien.wikia.com/wiki/Atlantis

03.10.2018

"Atlantis lag hinter Helgoland",

https://www.zeit.de/1953/14/atlantis-lag-hinter-helgoland

19.10.2018

"Der Vulkanausbruch von Thera",
https://hjthaler.wordpress.com/1766-2/
29.11.2018

"Jürgen Spanuth",
http://atlantisforschung.de/index.php?title=J%C3%BCrgen_Spanuth
30.12.2018

"Oreichalkos", http://atlantisforschung.de/index.php?title=Oreichalkos
05.01.2019

"Tartessos & Atlantis in Südspanien",
http://atlantisforschung.de/index.php?title=Tartessos_%26_Atlantis_in_S%C3%BCdspanie
n
11.12.2018

"Urgeschichte Griechenlands - Mesolithikum",
https://de.wikipedia.org/wiki/Urgeschichte_Griechenlands#Mesolithikum
13.02.2019

Aschenbrenner, Klaus; "Atlantis - die erste Hochkultur der Menschheit",
http://atlantisforschung.de/index.php?title=Atlantis_-
_die_erste_Hochkultur_der_Menschheit
02.02.2019

Beier, Bernhard; "Atlantis und die Perserkriege",
http://atlantisforschung.de/index.php?title=Atlantis_und_die_Perserkriege
01.02.2019

Collins, Andrew; "Atlantis auf den Azoren",
http://atlantisforschung.de/index.phptitle=Atlantis_auf_den_Azoren%3F
01.02.2019

Kehnscherper, Günther; "Liegt Atlantis bei Helgoland?",
http://atlantisforschung.de/index.php?title=Liegt_Atlantis_bei_Helgoland
%3F
13.11.2018

red, "5 Theorien zum Mythos Atlantis",
https://www.news.at/a/mythos-atlantis-8336154 ,
02.02.2019

Susemihl, Franz; "Deutsche Übersetzungen von Platons Atlantisdialogen",
https://www.atlantis-scout.de/atlantimkrit.htm ,
10.09.2018

Zillmer, Hans-Joachim; "Platons Erzählung und die versunkene Großinsel Atlantis",
http://atlantisforschung.de/index.php?title=Platons_Erz%C3%A4hlung_und_die_versunke
ne_Gro%C3%9Finsel_Atlantis
13.10.2018

Filme:
Film von Behrend, Jens-Peter; "Expedition nach Atlantis",
https://www.zdf.de/dokumentation/terra-x/expedition-nach-atlantis-eine-insel-geht-unter-
100.html

"Atlantis - Mythos und Wahrheit",
https://www.zdf.de/dokumentation/zdfinfo-doku/atlantis-110.html
07.11.2018

Bilder:
Ashton, Pete; "Azores Honeymoon 167", https://flic.kr/p/pdsgU4

Cabanillas, Carlos; "Maqueta de Cancho Roano", https://flic.kr/p/6wiiey

D.ST., "Helgoland", https://flic.kr/p/28iym4B

Hackl, Thomas; "Santorin", https://flic.kr/p/WEUpD4

Wilmes, Werner; "Luna de octubre", https://flic.kr/p/2b9L5tJ